¡Predícelo!

Dona Herweck Rice

Asesora

Michelle Alfonsi
Ingeniera, Southern California
Aerospace Industry

Teacher Created Materials
5301 Oceanus Drive
Huntington Beach, CA 92649-1030
http://www.tcmpub.com

ISBN 978-1-4258-4690-9

Contenido

Un asunto complicado 4

Método científico 6

Pero, ¿dónde están las predicciones? 12

Sé específico 16

Es probable 20

¡No cambies! 24

Piensa como un científico 28

Glosario 30

Índice 31

¡Tu turno! 32

Un asunto complicado

"Es muy difícil predecir, sobre todo cuando se trata del futuro".

Eso lo dijo un científico (y comediante) famoso, Niels Bohr. Bueno, bueno, no era comediante. Pero lo que dijo es muy gracioso, ¿verdad? ¡Y Bohr sabía bien de lo que hablaba! Como científico, sabía sobre la **evidencia** y sobre hacer **predicciones**. También sabía sobre poner a prueba las predicciones. Una vez, y otra más, y otra más, y otra más...

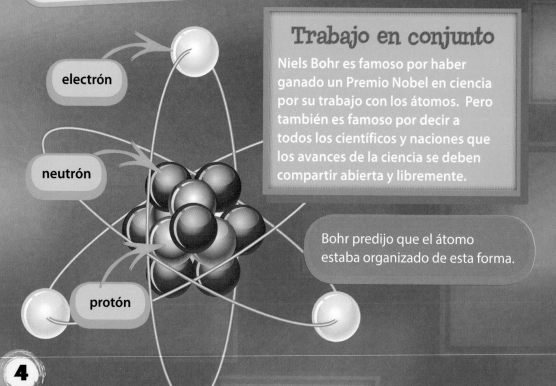

electrón

neutrón

protón

Trabajo en conjunto

Niels Bohr es famoso por haber ganado un Premio Nobel en ciencia por su trabajo con los átomos. Pero también es famoso por decir a todos los científicos y naciones que los avances de la ciencia se deben compartir abierta y libremente.

Bohr predijo que el átomo estaba organizado de esta forma.

¡Es un asunto complicado! Hacer predicciones científicas no es sencillo. Pero vale la pena. Si te gusta resolver rompecabezas o misterios, el mundo de la ciencia es un buen lugar para ti. No hay límites para lo que puedes pensar, explorar y hacer.

De hecho, ¡predigo que serás un muy buen científico!

Niels Bohr

No puedes sostener un átomo en las manos. Pero las manos están hechas de átomos. ¿Quién podría predecir eso?

Método científico

¡Hay un método para esa locura! Es el **método científico**, claro.

Todo buen intento de ciencia comienza con el método científico. Te preguntarás entonces ¿qué es exactamente el método científico? ¡Con gusto te cuento! ¡Pero debes estar atento porque solo lo diré una vez! (Claro que puedes leerlo una y otra vez, pero ese es otro asunto).

¿Estás atento?

¿Estás seguro?

¡A la una, a las dos...!

Aquí explicamos el método científico en seis pasos sencillos:

- observación e **investigación**
- **hipótesis**
- predicción
- experimentación
- **análisis**
- informe

¿Es verdadera la hipótesis? ¡Excelente! Informa tus resultados. ¿No es verdadera? Informa tus resultados de todas formas, haz una nueva hipótesis e intenta nuevamente.

Nota: Los científicos no siempre siguen los pasos del método científico en el mismo orden... e incluso pueden hasta repetir algunos pasos.

Paso 1
observación e investigación

Paso 2
hipótesis

Bien, aquí vamos. El método científico es un plan que se usa para investigar un interrogante en la ciencia. En otras palabras, es el método para "hacer" bien la ciencia. ¿Lo entiendes?

Después de todo, ¿para qué hacer algo si no lo harás bien? El método científico es hacer la ciencia correctamente.

Paso 4
experimentación

Paso 5
análisis

Paso 3
predicción

Paso 6
informe

El trabajo científico bien hecho debe estar planificado. Comienza con una idea, algo que al científico le causa curiosidad. Quizás: "Ey, ¿por qué no puedo sacarme esa canción de la cabeza?". O: "Me pregunto, ¿por qué el césped se secó a pesar de que lo regué?".

El científico piensa en la idea. Luego, **observa** e investiga para saber qué es lo que ya se sabe al respecto. Por ejemplo, el científico ve a su perro levantar la pata en el césped todos los días. "Mmmm", piensa. "Me pregunto, ¿qué significa?". Podría hacer una investigación sobre si otros perros hacen lo mismo cuando visitan el césped.

A partir de ello, el científico forma una hipótesis. Una hipótesis es algo que el científico supone a partir de lo que ya conoce. Está basada en información que se ha recopilado. Quizás sea: "La orina canina* mata el césped".

*Así es, pis de perro.

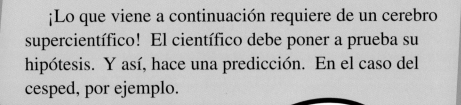

¡Lo que viene a continuación requiere de un cerebro supercientífico! El científico debe poner a prueba su hipótesis. Y así, hace una predicción. En el caso del cesped, por ejemplo.

Predigo que evitar que el perro esté en el cesped ayudará a que crezca verde (el cesped, ¡no el perro!).

Una buena hipótesis

Ten en cuenta tres puntos importantes cuando formules una hipótesis:

- Debe ser algo que no se conozca anteriormente.

- Es un enunciado, no una pregunta.

- Debe ser comprobable.

¡Ponlo a prueba!

A continuación en el método científico, el científico hace un **experimento**. Los experimentos son pruebas. Las pruebas verifican las hipótesis. Los científicos deben descartar todas las posibilidades. Y deben obtener los mismos resultados cada vez. Si no es así, no habrán comprobado la hipótesis.

Después de los experimentos, el científico estudia los resultados para ver qué significan. Esto se llama *análisis*. ¿Los resultados comprueban la hipótesis? ¿La refutan? Los científicos rechazan o aceptan la hipótesis.

Hecho o ficción

Muchas personas utilizan la palabra *teoría* para describir una idea no comprobada sobre por qué algo sucede. Esta podría describir correctamente por qué sucede algo. O podría ser totalmente errónea. No lo sabemos porque la idea no ha sido puesta a prueba y no se ha comprobado su veracidad.

Los científicos utilizan la palabra *teoría* para describir una explicación (respaldada por el método científico) de por qué algo sucede. Las teorías científicas se formulan únicamente después de realizar muchas observaciones y de poner a prueba la hipótesis muchas veces.

En el pasado, las personas creían que las travesuras de las hadas hacían que la leche de vaca se volviera agria.

Finalmente, un buen científico comparte los resultados. El científico informa lo que se hizo y qué se descubrió. Después, otros científicos también lo ponen a prueba. Y si *ellos* lo comprueban, celebran con una gran fiesta científica. Bueno, quizás no celebren con una fiesta, ¡pero deberían!

¡Y eso, amigos, es el método científico!

La palabra *experimento* proviene de una antigua palabra que significa "intentar".

Pero, ¿dónde están las predicciones?

Cada paso del método científico es importante. La predicción es tan importante como los demás pasos.

Ahora sabes que un científico primero debe investigar. A continuación viene la hipótesis. Luego, con toda esa buena información en mente, el científico predice. Pero piensa en lo siguiente: La predicción no es solo adivinar. Se basa en lo que ya se conoce. Es una suposición *informada*. No es adivinar de la nada. No es adivinar algo que suena fantástico o que el científico espera que sea verdad. Hay buenos motivos para hacer esa suposición. Y hay buenos motivos para creer que se puede comprobar como verdadera.

"Usar la bola de cristal funciona excelentemente", es algo que *ningún* científico diría nunca. Es ciencia, no imaginación.

¡Esto o aquello!

Hacer una predicción no es solo adivinar lo que sucederá en el futuro. Es decidir qué crees que sucederá si haces una cosa en lugar de la otra.

- Predigo que comer caramelos al desayuno, el almuerzo y la cena me dará un dolor de estómago.

- Predigo que si le doy refresco a mi planta, morirá.

- Predigo que una babosa cambiará de dirección si me paro en frente.

¡Todas estas son predicciones! Son suposiciones informadas basadas en lo que crees que sucederá.

Una forma de hacer una predicción es pensar en qué sucedería si tu hipótesis fuera verdadera y qué sucedería si no lo fuera.

13

biología

botánica

En el laboratorio

Algunas empresas, universidades e incluso países tienen laboratorios donde se hacen investigaciones todo el año. Sin importar el problema o el interrogante, seguramente exista un laboratorio en algún lugar que lo estudia.

geología

Es por esto que es tan importante informar los resultados científicos. Cada científico que trabaja en una hipótesis no empieza desde cero. Otros científicos ya han trabajado mucho e informado al respecto. Un científico puede estudiar el trabajo de otros científicos. Así, cuando hace una predicción, ya hay mucho trabajo científico bueno para respaldarlo. Este científico aprende lo más que puede sobre el tema. Entonces, su predicción es inteligente.

¿Recuerdas a Niels Bohr? Este es el motivo por el que quería que todos los científicos compartieran libremente sus investigaciones. Pensaba que el avance de la ciencia era más importante que el avance de un solo científico. Es como pensar, "Estamos todos juntos en esto. Ayudémonos entre todos".

¡Es todo mucho más sencillo de esa forma!

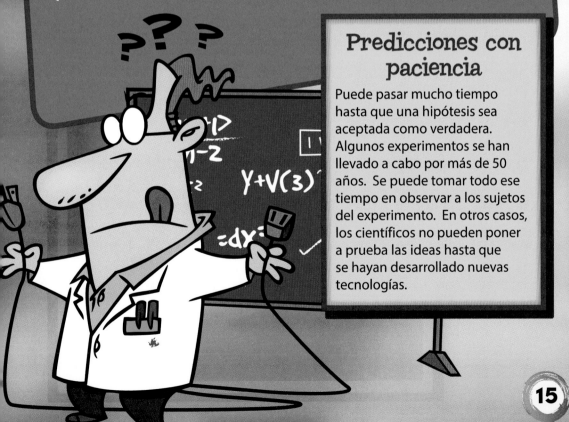

Predicciones con paciencia

Puede pasar mucho tiempo hasta que una hipótesis sea aceptada como verdadera. Algunos experimentos se han llevado a cabo por más de 50 años. Se puede tomar todo ese tiempo en observar a los sujetos del experimento. En otros casos, los científicos no pueden poner a prueba las ideas hasta que se hayan desarrollado nuevas tecnologías.

Sé específico

Una hipótesis es un enunciado general. Es una "gran idea". Establece cómo crees que funciona el tema científico. Pero una predicción es **específica**. Reduce la hipótesis de forma tal que se pueda poner a prueba. Se utiliza para demostrar que la hipótesis es verdadera. Experimentas para poner a prueba tu predicción. Y las pruebas también son específicas.

Una forma de ser específico es pensar en términos de causa y efecto. En causa y efecto, vemos que una cosa lleva a otra cosa. Por ello, podemos poner a prueba una predicción y ver que cada vez que hacemos el paso A, sucede el paso B. Pero esta es la cuestión. No sabemos si A es la causa de B. Sabemos que están relacionadas de alguna forma, pero no podemos suponer que A ocasionó B. (Quizás podamos creer que lo sabemos, porque así parece ser. Pero no lo sabemos realmente hasta que podamos comprobarlo). Debemos deshacernos de todo factor que podría ser la causa para poder demostrar la causa y el efecto directos entre A y B.

¡Tu predicción debe ser específica!

Desde la hipótesis hasta la predicción

Una hipótesis es una explicación de por qué algo sucede. Así que puedes elaborar una hipótesis que diga que "los niños tienen mejor sentido del humor que los adultos". Se usa una predicción para demostrar que una hipótesis es verdadera o falsa.

Entonces, tu predicción podría ser "más compañeros que maestros se reirán de mi chiste sobre la gallina que cruza la calle".

Cruce

Después, harás un experimento en el que le contarás el mismo chiste a tus compañeros y a tus maestros, y contarás la cantidad de carcajadas que recibes.

¡PUUF!

Y hay otra cosa importante que debes saber. Cuando haces un experimento, tu objetivo es *¡intentar demostrar que tu hipótesis no es correcta!* ¡Así es! Debes intentarlo todo para poder derribarla. Solamente después de que lo intentes todo para probar que es falsa y aun así siga sosteniéndose, entonces sabes que la hipótesis es verdadera.

Toma el control

Por supuesto, puede ser difícil mantener todo esto en regla. Es por esto que los científicos con frecuencia usan algo llamado **grupo de control**. Un grupo de control es algo que se usa como estándar de comparación. No se ve afectado por lo que se está probando.

Caja de herramientas científicas

Los científicos no usan solamente los ojos y los oídos para medir los cambios y **calcular** los resultados. Usan herramientas como reglas, cronómetros y microscopios para observar pequeños cambios de forma precisa.

Bien, y eso, ¿que significa? Este es un ejemplo. Digamos que quieres encontrar el mejor fertilizante para un tipo de planta. Puedes experimentar para encontrar el mejor fertilizante. Entonces, a la planta de control le haces todo lo que le haces al resto de las plantas (como regarla y darle luz solar), *excepto* que no le das a esa planta ese fertilizante.

Usar el grupo de control te ayuda a limitar la causa y efecto. Te ayuda a ser específico. ¡Y ser específico te ayuda a obtener la respuesta!

	planta de control	planta de prueba
semana 1	1.0 cm	1.0 cm
semana 2	1.5 cm	1.6 cm
semana 3	1.65 cm	1.75 cm
semana 4	1.70 cm	2.0 cm

medición de una flor que creció sin fertilizante

medición de una flor que creció con fertilizante

19

Es probable

Otra forma de hacer una predicción es usar la **probabilidad**. Los científicos estudian patrones. Descubren el patrón y, con el tiempo, hacen suposiciones muy buenas sobre lo que sucederá con base en el patrón. Luego, pueden decidir qué tan probable es que algo más suceda.

Intenta esto. Lanza una moneda al aire. Caerá en cara o cruz. Lánzala de nuevo. Caerá nuevamente en cara o cruz. Hazlo nuevamente, y lo mismo sucede. Cada vez que la lanzas, tiene las mismas probabilidades de caer en cara como de caer en cruz. Si la lanzas un montón de veces, cerca de la mitad de las veces caerá en cara y la otra mitad caerá en cruz. La probabilidad nos muestra que no es muy probable que la moneda caiga siempre en cara o incluso que la mayoría sea en cara. Si haces la prueba lo suficiente, siempre es mitad y mitad. ¡Y casi nunca cae apoyada en el borde!

Los científicos saben cómo funciona la probabilidad. Cuando ven y estudian un patrón, pueden usar ese patrón para hacer predicciones sobre el futuro. No es suerte. Es ciencia.

Las matemáticas de la predicción

	poco	todos los resultados son igualmente		
imposible	probable	probables	probable	seguro

probabilidad de 50/50

menos probable ←→ más probable

Las matemáticas son muy útiles para hacer predicciones. Por ejemplo, los científicos usan las matemáticas para predecir eventos como un eclipse lunar. Usan el momento en que ocurrió el evento en el pasado para calcular y predecir el momento en el que ocurrirá el evento en el futuro.

Los científicos usan la probabilidad para ayudar a predecir los terremotos. Nadie sabe cuándo ocurrirá un terremoto. ¡Al menos no por el momento! Pero podemos hacer buenas predicciones basándonos en los patrones.

California tiene muchos terremotos. La mayoría son pequeños, pero algunos son bastante grandes. Muchos suceden a lo largo de la falla de San Andrés. Los científicos observan la evidencia. Estudian la Tierra para ver cuándo y dónde han sucedido terremotos en la falla en el pasado. Encuentran el tiempo promedio entre los terremotos. Ven

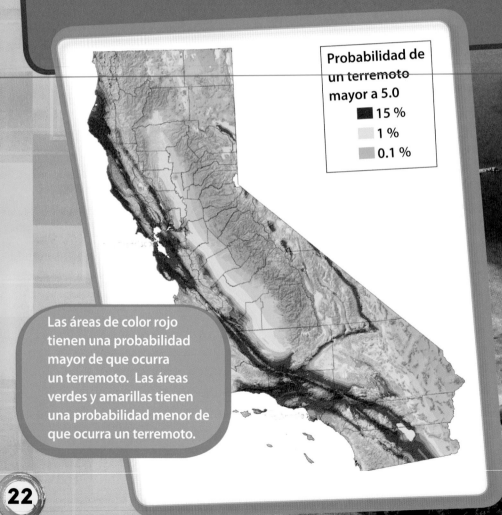

Probabilidad de un terremoto mayor a 5.0

- 15 %
- 1 %
- 0.1 %

Las áreas de color rojo tienen una probabilidad mayor de que ocurra un terremoto. Las áreas verdes y amarillas tienen una probabilidad menor de que ocurra un terremoto.

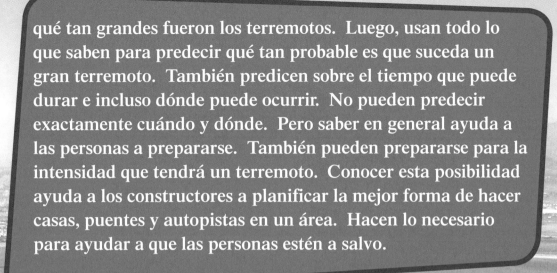

qué tan grandes fueron los terremotos. Luego, usan todo lo que saben para predecir qué tan probable es que suceda un gran terremoto. También predicen sobre el tiempo que puede durar e incluso dónde puede ocurrir. No pueden predecir exactamente cuándo y dónde. Pero saber en general ayuda a las personas a prepararse. También pueden prepararse para la intensidad que tendrá un terremoto. Conocer esta posibilidad ayuda a los constructores a planificar la mejor forma de hacer casas, puentes y autopistas en un área. Hacen lo necesario para ayudar a que las personas estén a salvo.

Presa del lago Perris

La probabilidad de terremotos sirvió de ayuda en la presa del lago Perris. Los científicos sabían que el nivel del agua era demasiado alto. En caso de un terremoto grande, la presa no podría resistir. Bajaron el nivel del agua para evitar una terrible inundación si llegara a ocurrir uno "grande".

¡No cambies!

Supongamos que hiciste tu predicción. Ahora la estás poniendo a prueba. Pero el experimento comienza a demostrar que tu predicción no es correcta. Quizás te veas tentado a cambiar tu predicción. Si es así, **ALTO**

Probando 1, 2, 3...

Los interrogantes científicos pueden ser grandes y sustanciosos como "¿Qué es el tiempo?" o precisos como "¿Cuánto combustible se necesita para enviar un cohete a la Luna?". Algunos no pueden responderse con solamente una prueba. No te preocupes si necesitas realizar varios experimentos para responder las preguntas. ¡Solo significa que estás haciendo buenas preguntas!

Nunca cambies tu predicción o hipótesis durante cualquier parte del método científico. *Una vez que* lo hayas seguido hasta el final, *luego* podrás pensar en cambiar. Pero debes conservar la hipótesis mientras la estas probando.

Recuerda que estás intentando probar que tu hipótesis es incorrecta. ¡Y la mayoría de las veces *será* incorrecta! Así funciona la ciencia.

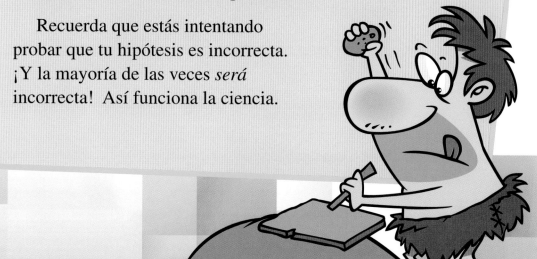

Escrito sobre piedra

Incluso si una hipótesis no se comprueba como falsa de inmediato, se podría comprobar que es falsa después, ¡en algunos casos, mucho tiempo después! Isaac Newton fue la primera persona en explicar de manera precisa cómo se mueven los planetas y otros objetos grandes. Durante cientos de años, esta hipótesis estuvo respaldada. Pero cuando Albert Einstein creó su teoría de la gravedad, se probó que la hipótesis de Newton era falsa. El trabajo de Newton es importante. Pero las hipótesis solamente permanecen hasta que llega otra mejor.

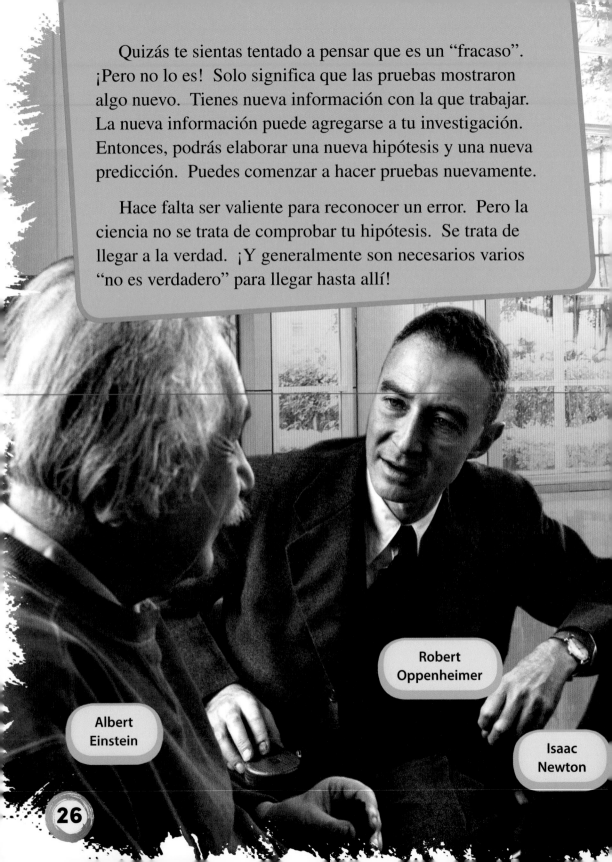

Quizás te sientas tentado a pensar que es un "fracaso". ¡Pero no lo es! Solo significa que las pruebas mostraron algo nuevo. Tienes nueva información con la que trabajar. La nueva información puede agregarse a tu investigación. Entonces, podrás elaborar una nueva hipótesis y una nueva predicción. Puedes comenzar a hacer pruebas nuevamente.

Hace falta ser valiente para reconocer un error. Pero la ciencia no se trata de comprobar tu hipótesis. Se trata de llegar a la verdad. ¡Y generalmente son necesarios varios "no es verdadero" para llegar hasta allí!

Robert Oppenheimer

Albert Einstein

Isaac Newton

Marie
Curie

Ada
Lovelace

Así que todos los científicos, ¡manténganse concentrados! ¡Hagan predicciones! Pónganlas a prueba. Sean determinados. Hagan más predicciones. Y pónganlas más a prueba. Sigan este método y estarán en muy buena compañía.

Piensa como un científico

¿Cómo puedes hacer una buena predicción científica? ¡Experimenta y averígualo!

Qué conseguir

- agua
- bolsa con cierre hermético
- lápices afilados

Qué hacer

1 Llena con agua la bolsa hermética hasta tres cuartos de su capacidad y ciérrala herméticamente.

2 Usando la hipótesis *El agua se escapará por un orificio*, predice si el agua se escapará de la bolsa cuando la pinches con los lápices.

3 Pídele a un amigo que sostenga la bolsa mientras atraviesas la bolsa con un lápiz. No quites el lápiz. Repite con un segundo y un tercer lápiz. ¿Qué ocurrió? ¿Fue correcta tu predicción?

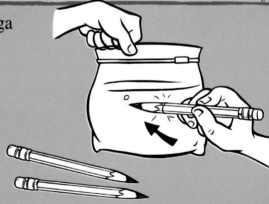

Nota: Las bolsas de plástico están hechas de un material que se estira cuando pinchas la bolsa. El material se adhiere alrededor del lápiz y forma un sello. El agua no debería filtrarse por los orificios.

Glosario

análisis: el estudio de algo para aprender sobre sus partes, lo que hace y cómo se relaciona con otras cosas

calcular: encontrar un número o respuesta usando las matemáticas

específica: clara y precisa

evidencia: algo que demuestra que otra cosa existe o es verdad

experimento: una prueba científica que se realiza para aprender sobre algo

grupo de control: el grupo en un experimento que no se modifica como al resto de los grupos

hipótesis: una idea que no está comprobada y necesita estudiarse más a fondo

investigación: el estudio detenido de algo

método científico: pasos que usan los científicos para evaluar ideas a través de experimentos y observación

observa: mira y estudia detenidamente

predicciones: suposiciones informadas basadas en la información que conoces

probabilidad: la posibilidad de que algo suceda

Índice

análisis, 6–7, 10

Bohr, Niels, 4–5, 15

Curie, Marie, 27

Einstein, Albert, 25–26

evidencia, 4, 22

experimento, 10–11, 15, 17–18, 24

falla de San Andrés, 22

grupo de control, 18–19

hipótesis, 6, 8–13, 15–18, 25–26, 29

informe, 6–7

investigación, 6, 8, 14–15, 26

Lovelace, Ada, 27

método científico, 6–7, 10–12, 25

Newton, Isaac, 25–26

observación, 6, 11, 32

Oppenheimer, Robert, 26

predicciones, 4–7, 9, 12–13, 15–17, 20–22, 24–27, 28–29, 32

presa del lago Perris, 23

probabilidad, 20–23

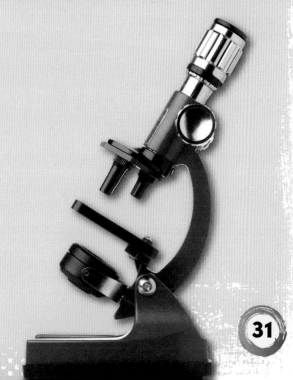

¡Tu turno!

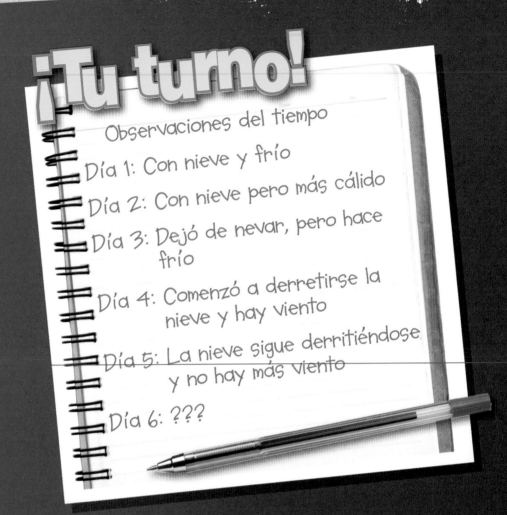

Observaciones del tiempo

Día 1: Con nieve y frío

Día 2: Con nieve pero más cálido

Día 3: Dejó de nevar, pero hace frío

Día 4: Comenzó a derretirse la nieve y hay viento

Día 5: La nieve sigue derritiéndose y no hay más viento

Día 6: ???

Pronóstico del tiempo

Presta atención al tiempo durante cinco días. Registra la temperatura y las condiciones atmosféricas cada día. Con base en tus observaciones, haz una predicción sobre cómo será el clima el sexto día. El sexto día, ¡determina si estabas en lo correcto!